LA INVOLUCIÓN DE UN TE QUIERO

ExLibric

DAINA ABIDIN

LA INVOLUCIÓN DE
UN TE QUIERO

EXLIBRIC
ANTEQUERA 2021

LA INVOLUCIÓN DE UN TE QUIERO
© Daina Abidin
Diseño de portada: Dpto. de Diseño Gráfico Exlibric

Iª edición

© ExLibric, 2021.

Editado por: ExLibric
c/ Cueva de Viera, 2, Local 3
Centro Negocios CADI
29200 Antequera (Málaga)
Teléfono: 952 70 60 04
Fax: 952 84 55 03
Correo electrónico: exlibric@exlibric.com
Internet: www.exlibric.com

ISBN: 978-84-18730-19-1
Depósito Legal: MA-461-2021

Nota de la editorial: ExLibric pertenece a Innovación y Cualificación S.   L.

DAINA ABIDIN

LA INVOLUCIÓN DE
UN TE QUIERO

*A mi pequeña isla desierta, que es mi familia.
Gracias por rescatarme y nutrirme tras cada naufragio;
en especial, a mi barquito de papel, por hablarme de rumbos
respetando mi deriva, por prestarme sus hojas
y por educarme con su amor incondicional.*

Solitaria

Me proclamé de la nada,
sin esperar nadie a cambio.

HOLA, AMOR

Tú a mí no me conoces. Ni yo a ti tampoco.
Hace años que te espero en cada esquina,
en cada cruce de miradas,
en cada playa, entre cada árbol;
en cada portal, en cada nuevo saludo,
en cada nombre desconocido,
en cada tímida sonrisa.
Hace tiempo que te pienso y te espero
en cada grano de café.

Te he dibujado en mi mente como idea.
No como un plan ni como una expectativa.
Sólo como idea.
Porque las ideas vienen, llegan, te encuentran,
ocurren y mantienen vivo el destino.
En cambio, los planes son sinónimo
de objetivo, de meta.
Se trazan, se perfeccionan;
las expectativas se buscan, se luchan,
se evita en ellas los errores
para no fracasarlas y después…
Después, el golpe duele más.
Las ideas dejan espacio a la improvisación,
a la inspiración, a la espontaneidad;
se cuidan, se miman.
Y en ellas cabe aún más el amor que el dolor.

Amor, he pensado en tus manos y en tus gestos,
en el color de tus ojos, en la textura de tus labios,
a veces en tus andares, en tu pelo, en tus ideales
y en el lenguaje e idioma de tu corazón.
Pero nunca he imaginado el tono de tu voz.
Ese detalle lo reservo como la sorpresa
que me anunciará tu llegada a mí.
De espaldas y, tal vez, en una estación o en algún avión.
Pero sé que vives en un letargo lejano a nuestra próxima,
aunque imprevisible, casualidad.
Lo sé, porque te leo a veces
y cada vez con más frecuencia
e intensidad en mis sueños.
Y sé que llegarás volando como la brizna de Lorca,
como cada verano implacable que se presenta.
Porque ya te siento y el amor es eso, ¿verdad?
Un presentimiento y algún que otro
preciso y acertado latido.

CAPÍTULO ÚNICO

Y entre medias…

el amor.

Congela

Primero el hielo.
Después la mirada.

Pierde

Primero el equilibrio.
De repente la vergüenza.

Arde

Primero llamas.
De pronto el corazón

Valentía

No te equivoques:
la valentía se corresponde con el valor
y la verdad que esconde la transparencia
de una lágrima caída a tiempo.
Y no con la fuerza que fracasa
en demostrar un cuerpo abatido.

Un cielo sin valientes

Si no vas a arriesgarte,
entonces no me elijas.
Suelo sangrar incluso antes de la herida.
Aunque escueza, aunque arda.
Soy dolor mucho antes que golpe.

Si tienes miedo a las alturas
y te da vértigo caer,
entonces no seré tu opción.
Ni la mejor, ni la peor.

Pero si decides escoger mi mano,
tendrás que apretar fuerte
hasta crujirme los besos.
Porque serás tropiezo antes
de que aparezca la primera piedra,
porque llevarás los arañazos y las cicatrices
antes de sucedernos en guerra.
Y porque con más nudos
que preámbulos en las lágrimas,
no quiero un cementerio
con más héroes bajo tierra
que banderas por victoria.
Mi cielo está vacío de valientes.

LA ESPERA DE UN CAFÉ SOLO

Grita,
grita fuerte.
Espira aquello que tan intensamente
te muerde los pulmones.
No lo dejes sangrar por dentro.
No quiero más cafés a deshoras,
ni más cervezas calientes
con excusas baratas de amigos.

Ya vale de miradas cobardes y asustadizas.
Escupe aquello que tanto te acaricia la garganta,
armando sutil cosquilleo en tus entrañas.
Sé valiente.

Dime que me quieres,
que te gusta el mundo que se esconde en mis ojos
y el amanecer rosado de mi sonrisa.
Dime que quieres ser una más
de mis incomprendidas manías,
y entonces haré de tus brazos
mi más cálido abrigo.

Dime que lo sientes
y que quieres sentirme aún más.
Que quieres irte lejos,
muy lejos…

A mi lado, sé sincero.
Pues si algo he aprendido
de los instintos a primera vista
es que el temor no tiene cabida
en los rincones imprudentes
de un corazón atrevido.

Los te quiero no empapan bien la piel,
si no resuenan en voz alta alrededor.

A-PROBARTE

Quiero descubrirte por mitades
para no saciarme,
pero no quiero partes iguales.
Quiero estudiarte
despacio.
Que me estudies
lento.
Que nos cultivemos mejor.

Nos quiero alquimia explosiva
entre tus experimentales ciencias
y mis volátiles letras.
No quiero idiomas predefinidos,
ni ortografías, ni gramáticas.
Quiero entender la fonética de tus risas,
sin ruidos, ni medias voces.
Quiero adivinarte,
leer el silencio de tus manos
y comprender todos tus roces.
Quiero Literatura,
que inventemos versos dispares con la locura
y con-juguemos nosotros en cada estación,
donde los verbos y los besos
nos transporten imperativos a su tiempo.
No quiero ironías ni sarcasmos.

Quiero las figuras geométricas de Benedetti:
los círculos viciosos,
los triángulos amorosos,
pero no quiero las mentes cuadradas.
Y, sin duda alguna, quiero tu figura y su retórica,
para improvisar con mis risas su métrica.

No quiero Tecnología, pero sí avance.
Que avancemos despacio.
No quiero que me esperes ni quiero esperarte.

No te quiero veinticuatro horas,
ni todos los días.
No quiero tenerte enfrente conmigo,
mientras enfrente contigo,
solo tú con tu móvil.

Quiero toda la Historia,
pero no la nuestra.
Quiero la tuya, la mía
y la del arte.

Quiero Biología, solo para dormirme
y memorizar en mis sueños tu anatomía.

No quiero tallas estereotipadas de tu Física,
porque solo quiero Química
para solidificarte,
que me condenses
y juntos, evaporarnos.

Quiero tu boca y su atrevida Lengua,
que tus palabras sean mis hachas intercaladas
para que así me corten el rollo,
me arañen las tripas
y, al fin, me rompan los besos.

No quiero las Matemáticas
si no es para contar tus lunares
en nuestro cuarto vacío y aún menguante.
Sin normas, ni reglas, ni teoremas inusuales.
No quiero ni a Pitágoras ni a Tales.
No quiero que me derribes,
ni pretendo que me integres.
No quiero límites contigo,
si a infinito no tienden.

Quiero necesaria la Filosofía.
Tú por darme Plantón,
y yo por Descarte.

Y no, en este ciclo no quiero amor,
ni el de Montesco,
ni el de Capuleto.

Porque quiero tenerte y que me tengas
por asignatura pendiente.
Sin aprobados,
ni promesas adecuadamente.

RAÍCES

No conozco aún tus raíces
ni las formas triviales
con las que decidirás morderme la vida.
No he tenido la oportunidad de verme reflejada
a través de la nitidez de tus lágrimas.
No he descifrado siquiera el códice secreto,
para esbozar sonrisas primaverales
en la eternidad de tu mirada.

En cuanto a los colores,
allí insisten atardeciendo.
Y en su puesta de permanecer
impermutables en el cielo,
han conseguido despertar el interludio
en el que mecían nuestros corazones,
creando sublime aleación
entre el amargo brillo de mis ojos
y el azulado sabor de tus labios.

Las canciones siguen bailando
con el compás de cada reloj
que suena escoltando nuestros pasos
por el sendero del tiempo,
por si olvidamos respirar profundamente los sueños
hasta hacernos realidad.

Yo, mientras tanto, sigo sin encontrar
el hilo que me lleva a enredarme
entre estas costuras tuyas,
que me cosquillea las tripas,
que me cose las heridas,
que nace escondido en el fulgor de tu piel
y se deshace,
quemándome las yemas de los dedos.

No conozco aún tus raíces,
pero siento tiritar tu voz
como un faro de inquieta luz,
tendiéndome la salida
de mi propia e inmensa oscuridad.

(Amor)-tiguadores

Dícese de aquellas personas
capaces de donar pedacitos de su amor,
para sanar corazones ajenos y malheridos.
Y entre parches de sentimientos altruistas
evitar que se marchiten los latidos.

MI NUEVO CREDO

Saliste de la nada
cerrando de un portazo todas mis heridas,
todas las llagas que me hacían sangrar
la voz y la mirada.

Yo, que en aquellos tiempos sumergía mis días
lanzando suspiros de vidrio verde al mar,
esperando que se encontraran con la esperanza
en algún color de los confines lejanos,
dejándome levitar por el vaivén de las olas
que se deslizaban despeinadas bajo mi cuerpo,

y emergiendo de las profundidades de la vida
aparecieron tus manos,
exploradoras de miradas tristes,
hambrientas de carne,
sedientas de labios mojados,

que ensamblaron perfectas
con las concavidades de mi espalda.
Justo en el ecuador de mi mundo abatido,
entre vertebra y lágrima,
entre anatomía y sueño,
entre mi desazón y el sabor afrutado de tu mirada.

Y así rescataste los profundos arrecifes
de mis entrañas,

para convertirlos de nuevo
en mis reservas más naturales,
para cuando volviera a descoserse mi piel.
Y tronaste tu silueta
coronándola con mis imperfecciones
cual accesorios de oro dolido,
y me miraste los pasos
como si se acabaran los bailes
y el silencio de los acordes,
prometiéndome que mis alas y mi dicha
aún existían,
que mis latidos seguían corriendo
como piernas de niña joven,
que seguían descubriendo
como galopes de yegua fuerte.

Tú despertaste mis creencias,
que mecían adormecidas en mis pulmones;
y yo respiré de tu oxígeno con cada beso
que me prestabas, que te robaba.

Y encendí mis ganas creyendo en ti,
porque solo tus demonios
supieron encauzar las sombras de los míos.
Porque tus abrazos son ahora
mi nuevo credo.

LO PRIMERO

Lee conmigo,
viaja conmigo,
ríe y llora conmigo.
Canta, baila.
Juega contigo y conmigo.
Lee conmigo,
Viaja,
sueña.
Atrévete conmigo.

Salta…

[Vuela conmigo]

Múdate a mí, conmigo.
Múdame a ti, contigo.

Enfádate conmigo
y si lo haces sin mí,
deja que yo haga las paces
y el amor contigo.

Escucha los paisajes conmigo.
Observa todos sus inmensos silencios conmigo.
Y si te cansas, aléjame de mí, contigo.
Y si te ahogas, respira de mí,

con los ojos cerrados y la piel despierta.

Quiérete fuerte y amplio, lo primero.

Y si te sobra un hueco entre tus te quiero,
quiéreme.
Quiéreme a mí, contigo.

DIME CÓMO ERES Y TE DIRÉ «TE QUIERO»

Soy de las que ceden el paso,
los asientos,
las sonrisas
y la razón.
Soy de las que ponen la tilde
a los abrazos
y a las conversaciones
de sentimientos encontrados.
Soy de las que a falta de sal
y algún que otro mal trago
condimentan el desastre
con un grito de lágrimas.

Soy de las que miran fijamente al tiempo
y antes de que vuele,
lo grabo en mis ojos
para almacenarlo en pequeñas dosis de recuerdos.
Soy de las que, en vez de hacer memoria,
deshacen el olvido
para que no se armen nudos de dolor.
Soy de las que desafían al futuro
a un duelo de vida o presente
y acaban soñando con una historia
que aún queda por venir.

Soy de las que insisten
en bailar con los amores,
aún a sabiendas de que nuestros latidos
llevan diferente compás
y acabarán tropezando.
O lo que es peor:
uno pisando más fuerte al otro.
Soy de las que saben con certeza
que ojos que no ven, corazón que presiente.
Soy de las que llevan
el peso de la injusticia entre sus manos
y no sabe en qué frontera aterrizar.
Soy de las que rompe la jaula solo para respirar
y aguardar a puerta abierta,
impaciente, junto al miedo,
hasta que llegue un nido
que me quiera y sepa arropar.
Soy de las que piensan
que quedan verbos por inventar y descubrir,
y que las palabras cuando se hacen poesía,
son todo lo que el corazón tiene que decir.

Soy y seré, a fin de cuentas,
la de la puerta correcta
y cien mil candados
de llaves perdidas.

QUÉDATE A DORMIR

Ven,
asómate a mi interior
y no te lleves mis escombros.
Asómate asumiendo que de(e)spacio va la cosa
y que no sé cerrar una herida,
sin antes disfrutar de su cauterización.

Ven,
asómate a la nitidez de mi mirada,
verás un muro emerger
que obstaculizará
la intencionalidad de tus labios.
Pero aguarda,
pronto comprenderás
el significado de sus paredes,
porque transparente es mi caparazón
y cristalinas mis pupilas.

Ven,
quédate a dormir
en el lado izquierdo de mi pecho,
que allí es donde más se siente mi amor
y donde mejor observarás
la luz que irradian mis estrellas.

ACANTILADO

Quiero adueñarme del espacio
que existe entre tus dedos.
Aquello que se hace llamar hueco o vacío
para mis manos es un acantilado de calma y sosiego.

Quiero que cuando dejemos caer una lágrima,
brote un río de caudal rebelde e indeciso,
divisor de tanta guerra que anida ilegal e impuesta
en las miradas y entre las almas.

Quiero que por cada treinta y dos pétalos
de rosas marchitas,
se cierren fusionados tus labios y los míos,
multiplicando así todo el amor del mundo
y alimentando a tantos corazones
que laten en sequía de paz.

Placer

Te acercas
y el pasado deja de escocer.
Naces justo donde la herida abandona la piel.

TUS HUMOS EN MIS AIRES

Tengo dos deseos sin cumplir
y una vida de promesas que,
queriendo, regalé.

Amanezco sin sentir el habitual calor
que me desprendes cada mañana.
Despierto viendo asomar el humo de tu cigarro
a través de mi cristal,
desvaneciéndose lentamente,
enredándose con el aire.
Aire que me falla cuando echo en falta tu mirada
y la precipitada altura de tus lunares.

Me cuenta el viento que hace tiempo
que alzaste tu bandera
y decidiste navegar en contra del sol y de la marea.
Yo, en cambio, sigo siendo veleta.
Pero cada vez que aterrizo
con las manos arrastradas sobre la tierra
y a cien mil pies del cielo,
siento que vas a ser tú el culpable
de todos mis tropiezos.

De repente, vuelvo a despertar.
Y es entonces cuando no soy capaz
de distinguir tus humos de mis aires.

Se han difuminado.
Y es esa la misma razón por la que tampoco
soy capaz de distinguir mi espalda
sin el patinar de tus dedos congelados,
mis ojos sin el azulado reflejo de los tuyos,
el oxígeno de nuestra pequeña y anómala atmósfera
sin tu perfume.
Y ahora no existe presión capaz
de acentuarnos por separado.
Nos hemos difuminado.
Tu eco es el único que ha sabido rellenarme.
Tu eco es el que hoy resuena,
alentando cada esquina de mis huecos.

EL COLOR DEL CREPÚSCULO

Siempre nos sobraron las reglas
cuando tus dedos se entrelazaban con los míos
en busca del calor de mis labios,
mientras tus pasos y mis huellas avanzaban al unísono.

Era tu silueta la que aparecía reflejada
en los charcos distorsionados
que se formaban cada vez
que echaban a correr mis lágrimas.

Nos despejábamos las nubes.

Convertimos la luz de la luna
en ígneos rayos de sol,
para que no helase la savia de nuestra piel.
Adoptamos a todos los gatos negros
de la ciudad un viernes 13,
y nos proclamamos dueños de la noche,
mientras aullábamos por las calles,
haciéndonos pasar por humanos.

Siempre nos sobraron las reglas
cuando sonaba Heroes de Bowie
y huíamos por la puerta de atrás de los bares.

Fuimos la diana de todos,
y las miradas del resto,
dardos con la punta torcida.

Pero el mundo nunca supo
que el color que pintaba todos los crepúsculos
era la luz que desprendían mis ojos al verte.

Miedo

Cerraste los ojos
y todo lo bohemio se desvaneció.
Sigo esperando tu sombra en cada farola
encendida de esta inmensa ciudad.

CARRUSEL

Y si abres paralelos tus brazos sobre mis ejes,
esperando que mis manos conviertan
en carrusel tu cuerpo,
prefiero advertirles a tus pies
que hace tiempo que mis pasos
flaquean por tantos tropiezos,
y que mi equilibrio decidió huir de mis extremidades,
desplomándome así los vértices.

Que cuando se acerca la primavera
comienzo a deshojar mi piel,
esperando que, en alguna estación lejana,
mis pétalos florezcan en eufonía con los aciertos,
que, instintivos,
palpitan en mi corazón.
Y que de mis ojos vuelen todos los pájaros
que, encerrados,
rondaban mi cabeza.

Si abres los brazos para dejar entrar a mis heridas,
recuerda que a veces serás eje
y yo periferia abatida;
que oscilaremos incesantes sobre cada circunstancia
que decida nublarnos la razón,
y que en cada vuelta que nos giremos,
comenzarán a emergernos las cicatrices

hasta mostrarnos las verdaderas salidas que se dibujan
en los eternos laberintos de nuestra piel.

Mientras tanto,
cuéntale a tu cuerpo enterado
que mis alas vuelan sin medida
y que suelen aterrizar
lejos de fronteras,
entre ojos lluviosos,
y a cien mil llantos del cielo.

TODO LO QUE QUIERO SERTE

Quiero ser la gravedad
que pierden tus pestañas en cada soplo
cuando vuelan cargadas de deseos.
Quiero ser la frescura del vaho
que protagoniza cada dos de tus sonrisas invernales,
la curva que cogerán tus arrugas
cuando terminen su misterioso viaje por la vida,
el calor de tus pies,
el frío de tus manos,
el destello de tu mirada
cuando le acorrala el miedo,
el amor y la ilusión,
el sol y la noche.

Quiero formar parte
de esa milésima de segundo
que sucede cuando cierras tus ojos
para estornudar,
para besar,
para llorar,
para soñar.

Quiero que solo una pequeña parte
de mi presencia se mude intangible
a tu recuerdo.
Que te asientes en esa extraña

y transitoria mudez que me envuelve
cada vez que tus ojos aprisionan a mi silueta
en su horizonte.

Quiero que me pienses en silencio,
como quien recuerda haberse olvidado
de aquello que un día
se repitió a sí mismo nunca olvidar.

Y que, entre cristales y boscosos paisajes,
mientras el tiempo corra a toda velocidad,
sea el recuerdo de mi olvido
el que consiga hacerte sonreír.

PLURIVERSO

Si pudieras observar los latidos
que galopa mi corazón,
me entenderías cuando digo que,
entre la delicadeza de mis rizos
y la frescura de tu risa,
podría existir atrapado
el aliento salado de las olas
cuando esbozan su meta en la orilla,
los mapas remotos sin cruz
o las mil cruces sin destino;
el relajado y sigiloso balanceo de las golondrinas
cuando descansan su vuelo sobre el filo,
los cielos algodonados,
y los colores aferrados a cada atardecer.

La metamorfosis de una crisálida solitaria,
la luz de las farolas en invierno,
las heridas caídas en otoño,
la efímera y fresca fidelidad
de los amores veraniegos,
y todos los deseos que viajan
en cada pétalo de primavera
hasta germinar los sueños.

Si pudieras sentir mis ojos,
entenderías a mis ganas

cuando dicen que,
entre tus manos abiertas y mis brazos cerrados,
podrían caber todas las treguas
que vencen al orgullo durante cada batalla,
el hilo impreciso que teje el paso del tiempo
y permanece colgado en cada esquina
de una habitación olvidada;
los instintos básicos,
los polvos que suspendemos en el aire cada noche,
los veinte poemas de amor de Neruda
y todas las lágrimas de *una canción desesperada*.

Las huelgas de besos, de palabras y de miradas,
las caricias sin nombre y los brazos
que quieren y están;
los porqués sin respuesta
y las respuestas cuando actúan en largos silencios.
Si quisieras,
entre tus pasos y mis latidos,
podría caber un pluriverso de circunstancias.
Sin embargo,
solo existimos en este universo
que nos lleva a describirnos en diferentes tiempos,
en diferentes espacios,
latiendo
a distintas velocidades.

PERSEIDAS

Regálales a mis labios tus dulces versos
una noche más.
Después de tantos intentos,
he conseguido alquilarle a la luna
uno de sus cuartos,
para que podamos soñarnos
incluso cuando amanezca,
para que el sol no nos despierte
mientras escribamos el amor.

He dejado pintada la oscuridad del cielo
en el lienzo de tu piel,
con tonos negros y medio azulados.
Y he convertido tus lunares en brillantes estrellas,
para que de mis ojos lluevan las mejores Perseidas,
cuando recuerden tu desnudez.

LA SORPRESA NOS LLEGÓ ANTES QUE EL DESTINO

No me hables de destinos impermutables en el tiempo,
en mis relojes siempre existió el factor sorpresa.

Mi mano, queriendo,
ha dejado caer una piedra
justo en el camino de nuestra casualidad,
pero el tiempo se ha empeñado
en agudizar tus sentidos
para que no percibas mis roces.
Después de tantos golpes,
siento que los únicos tropiezos
que conocen tus pies
son los que cometen
cada vez que el despiste se percata
de pronunciar en alto mi nombre.
Y te giras con el cielo atado a tus espaldas.
Y corres campo a través,
ingrávido y con los ojos cerrados,
antes de que los nervios consigan
acorralar a tus pulmones.
Y es entonces cuando el corazón
me frena de golpe y despierto.
Despierto viendo dormir tu cuerpo
entre la placidez de mis grietas,

y abrazo fielmente a tus sueños
para que no les asuste el impacto,
para que el ruido de mi entrecortada respiración
no te desvele los profundos secretos
que duermen en las dimensiones de mi inconsciente.

Que en tu temblor vierto una vez más
el calor ardiente de mi cuerpo,
para sellarte todas las heridas abiertas.
Y decido ahuyentar a tus pesadillas
con el gruñir de mis pestañas
bien apretadas
a mis amansadas ojeras.
Y aquí siguen mis ganas
empeñadas en camuflar este amor
con el disfraz de la casualidad,
solo porque un día
le prometí a tu mente en blanco
que en ella nuestros pasos
nos describirían este destino.

Pero entre tantas piedras y tropiezos
olvidé recordar que hoy es la distancia
el factor que nos sorprendió desprevenidos.

Y antes de que decidas amanecer,
deja que mis labios se aproximen a los tuyos
con el miedo en la garganta,
y les enseñen de nuevo a respirar.

55

Esperanza

Te querré a tiempo siempre que quieras.
Y cuando ya no me quieras,
te querré a distancia y en silencio.
Como si quererte me reservara
la exclusividad de tenerte.

SOLSTICIO

Qué tiene el sol que en él
suele amanecer mi alegría.
Qué tiene su luz
que cuando decide esconderse
tras grisáceo velo de nubes,
hace oscurecer mi sonrisa
y se enreda fuerte mi voz,
haciendo nacer un nudo en mi garganta,
que ni dos tragos pueden deslizar frescos y libres
por mi lengua.
Qué tiene el calor de sus rayos
que incide,
enciende,
emana en incendio.
Y mi cuerpo arde,
y arde más fuerte por su ausencia
que por dejar caer su fiel amanecer
sobre mi oscura piel.

¿Dónde está el sol ahora?
¿Dónde te escondes tú siempre?

Qué tiene tu mirada
cuando me esboza las ganas,
cuando tu brillo me acorrala
cegando a los monstruos
que desde antaño me anidaban.

Qué tiene tu luz
que cuando decide esconderse
tras plomizas circunstancias,
hace oscurecer mi sonrisa,
y se enreda fuerte mi voz,
haciendo nacer un nudo en mi garganta,
que ni dos besos pueden despegar
mis labios ya agrietados.

Qué tiene el calor de tus brazos
que incide,
enciende,
emana en incendio;
que mi cuerpo arde
y arde más intenso por tu ausencia
que por dejar caer tus infieles labios
sobre mi eterna piel.

Qué me haces tú
que te quiero siendo solsticio,
para que así se dilate una vida más
esta dicha incierta

de quererte.

Enemigos en compañía

Me siento perdida,
como un ave con el ala rota
y el vuelo un tanto atrofiado.
Planeo entre niebla y palabras
lo que será mi próximo viaje,
intentando reencontrarme
en mi propio equilibrio.

Te presté todo el aire que me rodeaba
siempre que derramabas sobre mis plumas
tus lágrimas en auxilio.
Y ahora,
con cada respiro que me armo,
mis pulmones se ahogan un poco más.
Quiero creer que la balanza
no siempre fija su equidad,
sellándola eterna.
Pero empiezo a pensar
que nos hemos pesado tanto
que ni ella misma sabe
cómo reajustarse de nuevo los costados,
cuando uno se hunde más que el otro.

Y entonces dejamos
de llamarnos compañeros
y comenzamos a batallarnos,
enemigos en compañía.

REGALO DE UNA DESPEDIDA

Te regalo todos mis intentos
de permanecer intacta entre el ruido de mis alas,
para que sientas lo que sienten mis entrañas
cada vez que naufrago en tus pupilas.
Siento que todavía me pesas sobre el corazón
y que el silencio de tu voz lastra mis latidos,
que nacen y mueren porque no encuentran
otro pecho en el que crecer.
Siento que te conozco,
pero que no tienes nombre
y que todo lo que desconozco de tus dudas
ejerce una fuerza absoluta sobre mis vértices,
que no consigo destrabar.

Porque haces y deshaces mis antojos,
haciendo del duelo un baile,
de las lágrimas, un río de salvaje cauce
y del dolor, una fuerte corriente a mi favor.

TE FUISTE

Te fuiste,
y contigo se esfumó
toda la buena suerte y la casualidad.

Te fuiste,
y el único porvenir que anhelaba
eras tú, tumbado
y con la sonrisa boca abajo.

Te fuiste,
y ahora los rincones
ya no son escenarios de improvisación
para nuestros cuerpos,
solo son un lugar más
donde se acumulan otros polvos y nuevos días.

Te fuiste,
y siento la soledad de un presente vacío y débil
que lucha sin escudo y a piel descubierta
contra los recuerdos de un pasado que ya habitamos.

Digo que te fuiste, porque ya no estás,
porque ya no te encuentro entre las sábanas
ni en el vaho de los espejos.
Y detrás del aroma del café
ya no aterriza derrapando tu voz,
para recordarme que estás ahí.

Te fuiste,
y amarrados a tu despedida
como un nudo imposible de deshacer,
desaparecieron mis rutinas y toda mi verdad
Vivo repitiéndome que te fuiste
para que resuene ese mismo eco una y otra vez,
una y otra vez,
hasta reventar las paredes,
a ver si así consigo que entre algo de oxígeno
y me ayude a respirar y a olvidarte.

Te fuiste,
y ahora los calendarios solo son adornos
que cuelgan en la habitación,
para recordarme que existe el tiempo,
y que únicamente me sirve
como medida de retorno a nuestro origen,
aunque eso me haga tener que partir
desde tu último adiós,
para poder invocar de nuevo
nuestro primer beso.

MAL DE AZARES

De dulce licor vistieron las hiedras
para cautivar el amargo sabor
que se esconde adormecido
en cada milésima de tus labios.

Aún cabe el mastodóntico recuerdo
en mi memoria
de cuando tú fuiste mi centro
y yo tu periferia,
suburbia abandonada.

Unidos por el tedioso camino de la paciencia,
acompañados por las cómplices
y frías lágrimas de la luna,
cuando hace anochecer sus cielos.

Caminan y caminan los pasos, sin saber andar,
al igual que nuestro amor aprendiz
que existe y persiste sin saber amar,
sin anhelar consciencia alguna de ser amado.

Y si en alguna dimensión lejana
mis pasos y tus besos han de coincidir,
será solo para asistir
a la desafortunada piedra que el azar dibuje
en el camino de nuestro zafio amor.

Duelo

Has dejado tu huella trazada en mí,
como la estela que pintan los aviones
con su paso por el cielo.

Pero no te preocupes:
la lluvia lo limpia todo.

Índice

Sobre la autora

Daina Abidin es graduada en Pedagogía y especialista en Intervención Psicopedagógica por la Universidad de Granada. Hija de un mar y un océano, a menudo rebeldes y agitados, pero infinitamente profundos y eternos, como su ciudad natal, Tánger.

Su infancia se caracteriza por desarrollarse en un escenario de interculturalidad y diversidad. Por ello, asegura que es estrecho el cordón que la une a Occidente, a pesar de las fronteras que insisten en dificultar la libertad e identidad. Se reconoce en las letras de aquella canción que dice: «turista en mi país, amor de contrabando».

Amante del cine, la música y los atardeceres que unen el mar con el cielo a través del sol, encuentra refugio en las palabras para describir sus emociones y dar voz a sus silencios. La escritura la acompaña desde niña para comprender y aprender de su propia intimidad. La poesía, en cambio, dice que «es la musicalidad y el ritmo de todo el aprendizaje que aportan sus errores a los ensayos que improvisa en la vida».Asegura que aún le quedan palabras por describir y poesía por bailar, porque aún le falta amplio destino por escribir y largo camino por vivir.

#Slowemotionss